Mein Kochbuch für den Schulalltag

Schnelle Rezepte für ein genussvolles Lehrerleben

Sophie Schwaiger

Mein Kochbuch für den Schulalltag

Schnelle Rezepte für ein genussvolles Lehrerleben

INHALT

Der perfekte Start in den Tag

Leckereien für große Pausen & lange Konferenzen

Endlich Schulschluss!

Vorwort

Liebe Kolleginnen und Kollegen,

Sie kennen das sicher: Nach einem stressigen Arbeitstag stehen noch zwei oder drei Eltern und die Schulleitung auf der Matte, zu Hause warten noch Unterrichtsvorbereitungen und Korrekturen auf Sie und die Wohnung müsste auch aufgeräumt werden ... Da bleibt eine bewusste Ernährung oftmals auf der Strecke. Das muss aber nicht so sein: Eine ausgewogene und gesunde Ernährung ist nicht zwangsweise zeitaufwändig! In diesem Kochbuch habe ich Ihnen eine bunte Mischung an Rezepten zusammengestellt, die nicht nur lecker und gesund sind, sondern sich auch einfach und vor allen Dingen schnell in Ihren Schulalltag integrieren lassen. Ganz gleich, ob Sie ein nahrhaftes Frühstück brauchen, weil der Tag durch eine nachmittägliche Konferenz lang wird, oder einen leichten Nudelsalat, den Sie während der großen Pause im Stehen verspeisen können. Vom gesunden Snack für die Klassenfahrt bis zum leckeren Blechkuchen für das ganze Kollegium – für zahlreiche schulische Gelegenheiten gibt es hier das passende Gericht!

Bevor Sie sich aber die Schürze umbinden und den Kochlöffel schwingen, möchte ich Ihnen gern noch ein paar Hinweise und hilfreiche Tipps mit auf den Kochweg geben.

Die Portionsgrößen

Die Portionsgrößen in den Kapiteln variieren – je nach Anlass und Anzahl der Mitkonsumentinnen und Mitkonsumenten. Ein sonntägliches Frühstück, wie die **Pancakes** (S. 20) in *Der perfekte Start in den Tag*, ist natürlich für mehrere ausgelegt: Familie, Freundinnen und Freunde, Partnerinnen und Partner oder wer auch immer spontan an der Tür klingelt, angelockt durch den köstlichen Duft frischer Pfannkuchen.

Die Mitnahmegerichte in *Leckereien für große Pausen und lange Konferenzen*, aber auch die **Smoothies** (S. 16) und der **Porridge** (S. 18) im Frühstückskapitel wurden für ein bis zwei Portionen berechnet, um sie während der großen Pause oder beim Kopieren einiger Arbeitsblätter zu verputzen. Die Salate, Suppen und Nudelgerichte können natürlich aber auch in größeren Portionen gekocht werden – einfach die Zutatenmenge erhöhen und schon hat man ein sättigendes, glücklich machendes und gesundes Abendessen für die ganze Horde.

In dem Kapitel *Endlich Schulschluss!* wurden alle Gerichte von vornherein für mindestens vier Portionen berechnet, sodass alle satt werden, die sich abends um Ihren Küchentisch tummeln. Es ist aber genauso gut möglich, die verbleibenden Portionen am nächsten Tag mit in die Schule zu nehmen und dort zu genießen – besonders die **Linsen-Bolognese** (S. 60) und die **Wirsing-Quiche** (S. 70) bieten sich dafür an.

Meine Küchentipps

Alle kochen anders und haben ihre eigenen Tipps und Kniffe, die man sich über die Jahre aneignet oder von den elterlichen Küchenheldinnen und -helden beigebracht bekommen hat. Ein paar meiner Küchentipps und -tricks möchte ich Ihnen dennoch gern mit auf den Weg geben – vielleicht halten sie ja Einzug in Ihr Kochstudio?

Backpulver

Beim Backen nutze ich immer Weinstein-Backpulver. Als Säuerungsmittel wird bei normalem Backpulver ein Phosphat verwendet, in Weinstein-Backpulver wird – wie der Name schon sagt – auf den natürlichen Weinstein zurückgegriffen und es ist somit gesünder. Mittlerweile bekommt man diese Backpulverart in jedem Super- oder Drogeriemarkt. Sie können natürlich aber auch auf ganz normales Backpulver zurückgreifen – der Backeffekt ist derselbe.

Süßungsmittel

Die Anzahl der Menschen, die auf raffinierten Zucker verzichten und stattdessen zu alternativen Süßungsmitteln greifen, wächst stetig. Statt auf den herkömmlichen Haushaltszucker wird auf Vollrohrzucker, Agavendicksaft, Reissirup oder auf Trockenfrüchte, wie Datteln oder Aprikosen, zurückgegriffen. Auch hier im Kochbuch werden zu einem kleinen Teil alternative Süßungsmittel genutzt – so zum Beispiel bei den **Energiebällchen** auf S. 28.
Außer bei den Backrezepten können Sie statt der Prise Zucker, die angegeben ist, auch gern einen Schuss Agavendicksaft oder Ahornsirup verwenden. Oder süßen Sie Ihre Tomatensoße doch mal mit zwei klein geschnittenen Datteln – es schmeckt fantastisch und verleiht Ihrem Gericht eine zusätzliche Geschmacksnuance.

VORWORT

Bei Backrezepten würde ich davon abraten, ein trockenes Süßungsmittel durch ein flüssiges zu ersetzen – in den meisten Fällen geht es darum, Luft unter eine Butter-Zucker-Ei-Mischung zu schlagen, und das geht bedeutend einfacher und wird luftiger mit einer trockenen Zuckersorte. Sie können aber natürlich auf einen Vollrohrzucker anstelle des normalen Zuckers zurückgreifen. Der karamellige Geschmack des Vollrohrzuckers passt perfekt zu den meisten Backrezepten – und definitiv zu allen, die Sie hier im Buch finden.

♦ Das Mahlen von Nüssen

Ich habe mir vor einiger Zeit einen Blender/Multizerkleinerer angeschafft – auch um Nüsse selbst mahlen zu können. Gemahlene Nüsse gibt es natürlich im Supermarkt, aber Nussöle werden schnell ranzig und die gemahlenen Nüsse im Geschäft liegen bisweilen ein wenig in den Regalen. Außerdem hat man mit einem Blender die Möglichkeit, genau die Nussmenge zu mahlen, die man gerade braucht. So bleiben auch keine kleinen Reste übrig, die dann ebenfalls auf unbestimmte Zeit im Küchenschrank verschwinden.

♦ Das Schichten eines Salats

Gerade bei Salaten finde ich es praktisch, alle Zutaten in einem Behältnis, zum Beispiel einem Glas, aufzubewahren. Sie können das Gericht am Vorabend entspannt vorbereiten und am nächsten Morgen einfach aus dem Kühlschrank nehmen. Damit aber alles knackig frisch bleibt und nicht durch das Dressing zu einer matschigen und nicht mehr ganz so appetitlichen Angelegenheit wird, sollten Sie eine gewisse Reihenfolge einhalten: Zuallererst wird das Dressing in das Behältnis gegeben, anschließend folgen die festen Zutaten, wie zum Beispiel Kartoffeln, Nudeln, Quinoa und Bulgur, oder auch widerstandsfähige Gemüsesorten, wie Radieschen oder Paprika – all die Dinge, die das Dressing am besten vertragen können. Anschließend kommt Gemüse und/oder Obst hinzu, das etwas weicher ist, wie zum Beispiel Tomaten, Avocado oder Erdbeeren, sowie Fisch, Fleisch oder Milchprodukte – je nachdem, was das Rezept hergibt.
Ganz oben kommen die Zutaten hin, die leicht matschig werden, wie zum Beispiel zarte Salatblätter (Feldsalat oder Babyspinat) oder frische Kräuter, genauso wie Toppings in Form von Nüssen oder Kernen.

♦ Ober-/Unterhitze und Umluft

Ich habe die Ofenfunktion immer hinter die Temperaturangaben geschrieben und in der Regel greife ich auf Ober-/Unterhitze zurück. In Kochbüchern und -zeitschriften wird meistens beides genannt und für Umluft werden dann immer 20 °C weniger angegeben als für Ober-/Unterhitze. Es kann aber vorkommen, dass das nicht immer zu 100 Prozent passt, deswegen gebe ich Ihnen eine klare Empfehlung. Nichtsdestotrotz: Jeder Ofen ist anders und heizt auch anders – wenn Ihr Süßkartoffel-Käsekuchen ins Schwarze abzudriften droht, dann decken Sie ihn doch mit etwas Alufolie ab, er wird es Ihnen danken und Ihre Kolleginnen und Kollegen ebenfalls.

♦ Vegane Gerichte

Dieses Kochbuch ist kein veganes Kochbuch, aber es gibt einige Gerichte, wie zum Beispiel das **Granola** (S. 12), die selbst gemachten **Müsliriegel** (S. 22) oder den **asiatischen Nudelsalat** (S. 26), die von Natur aus vegan sind. Andere Gerichte wiederum lassen sich mit ein paar Handgriffen in vegane Köstlichkeiten verwandeln. Den Joghurtdip, der zum **Gemüsecouscous** (S. 30) gehört, können Sie auch gut mit einer pflanzlichen Joghurt-Variante herstellen. Anstelle der Kuhmilch können Sie für den **Porridge** (S. 18) auch wunderbar einen Haferdrink verwenden.

Ich hoffe, dass Sie das Kochbuch dazu inspiriert, auszuprobieren, zu experimentieren und vor allen Dingen lecker und schnell zu kochen – für mehr Power in Ihrem Schulalltag.
Ich wünsche Ihnen ganz viel Freude beim Nachkochen. Lassen Sie es sich schmecken!

Ihre

S. Schwaiger

Der perfekte Start in den Tag

Schulwochen-
Knusper-Granola

Manchmal bleibt einfach nicht so viel Zeit fürs Frühstück – umso besser, wenn man ausreichend selbst gemachtes Müsli auf Vorrat hat. Dieses Granola kann man wunderbar sonntags vorbereiten, um sich anschließend durch die Woche zu knuspern.

Für ca. 550 g

- 130 g gemischte Nüsse (z. B. Walnüsse, Haselnüsse, Cashewkerne, Pistazien)
- 3 EL Ahornsirup
- 2 EL Kokosöl
- 150 g zarte Haferflocken
- 50 g kernige Haferflocken
- 60 g Kürbiskerne
- 1 Prise Salz
- getrocknete Cranberrys nach Belieben

Den Ofen auf 160 °C (Ober-/Unterhitze) vorheizen.

Die gemischten Nüsse grob hacken. Den Ahornsirup mit dem Kokosol in einen Topf mit dickem Boden geben und bei kleiner Hitze schmelzen lassen. Die gehackten Nüsse zusammen mit den Haferflocken, den Kürbiskernen und dem Salz in den Topf geben und alles gut vermengen. Anschließend ein Blech mit Backpapier auslegen und das Granola gleichmäßig darauf verteilen. Im Ofen auf mittlerer Schiene 20–25 Min. backen, zwischendurch wenden, bis das Granola gleichmäßig braun geworden ist. Danach trocknen lassen, denn erst dann wird es knusprig.

Zum Schluss die Cranberrys untermischen und alles in ein Schraubglas füllen. Das Granola bleibt ca. 1,5 Wochen frisch, ist aber noch schneller weggeknuspert.

Tipp: Anstelle der Cranberrys schmecken natürlich auch alle anderen Trockenfrüchte, wie zum Beispiel Aprikosen, Rosinen oder getrocknete Feigen.

„Ab in die Schultasche"-

Frühstücksmuffins

Wenn es morgens mal wieder schneller gehen muss, sind diese Frühstücksmuffins genau das Richtige. Sie sind in null Komma nichts in der Schultasche verstaut und eine herrliche Abwechselung zum alltäglichen Käse-Wurst-Brot-Einerlei.

Für 12 Stück

- 200 g Blaubeeren
- 200 g Dinkelvollkornmehl
- 1 TL Weinstein-Backpulver
- 75 g Vollrohrzucker
- 50 g Haferflocken
- 1 Prise Salz
- 2 TL Zimt
- 100 ml flüssiges Kokosöl
- 2 Eier
- 150 ml Buttermilch

Außerdem:

- Butter und Mehl für die Form

Den Ofen auf 200 °C (Ober-/Unterhitze) vorheizen.

Die Blaubeeren waschen und in einem Sieb gut abtropfen lassen. Ca. eine Handvoll Blaubeeren zum Garnieren beiseitelegen. Die Muffinform einfetten und mit Mehl ausstäuben.

Das Dinkelvollkornmehl mit dem Backpulver in einer Schüssel mischen. Übrige Zutaten, außer den Blaubeeren, zufügen. Alles mit einem Mixer kurz auf niedrigster, dann auf höchster Stufe 2 Min. zu einem glatten Teig verarbeiten. Zum Schluss die Blaubeeren vorsichtig unterheben.

Den Teig gleichmäßig auf die Muffinform verteilen und dann die restlichen Blaubeeren daraufgeben. Die Muffins auf unterster Schiene ca. 25 Min. backen.

Die Muffins aus dem Ofen holen und nach 10 Min. aus der Form lösen. Anschließend auf einem Rost erkalten lassen.

„ICH HAB ZUR ERSTEN STUNDE"-
SMOOTHIES

Diese Smoothies sind im Handumdrehen gemacht – während man mit der einen Hand den Haustür- und Autoschlüssel in die Schultasche wirft, wird mit der anderen noch schnell püriert. Zudem geben sie viel Energie für einen perfekten Start in den Schultag.

Für 2 große Gläser

Für den roten Smoothie:

- 50 g Ananas, geschält und entstrunkt
- 1 Banane
- 1 Rote Bete, vorgegart
- 175 g TK-Himbeeren

Für den grünen Smoothie:

- 1 Handvoll Babyspinat
- 1 grüner Apfel mit Schale (z. B. Granny Smith)
- ½ Avocado
- ca. 8 Blätter Minze
- Saft von einer ½ Bio-Limette

Für den roten Smoothie die Ananas in Würfel schneiden und beiseitestellen. Die Banane schälen, in Stücke schneiden und die Rote Bete vierteln. Mit 125 ml Wasser in einen Standmixer geben und kurz pürieren. Die gefrorenen Himbeeren und die Ananas ebenfalls in den Mixer geben und ca. 1 Min. mixen, bis der Smoothie eine einheitliche, cremige Konsistenz hat.

Für den grünen Smoothie den Babyspinat waschen und abtropfen lassen. Den Apfel putzen, entkernen und klein schneiden. Die Avocado entkernen, das Fruchtfleisch vorsichtig aus der Schale lösen und grob würfeln. Die Minzblätter abbrausen, trocken tupfen und beiseitelegen.

Den Spinat zusammen mit dem Apfel und der Avocado in den Standmixer geben. Je nach Geschmack ein paar Minzblätter zufügen. Anschließend mit Limettensaft und 200 ml Wasser auffüllen. Alle Zutaten ca. 1 Min. mixen, bis der Smoothie eine einheitliche, cremige Konsistenz hat.

Tipp: Wenn Sie keinen Standmixer zu Hause haben, können Sie den Smoothie auch mit einem Stabmixer pürieren. Dann wird er vielleicht nicht ganz so fein, das tut dem Geschmack aber keinen Abbruch.

Pädagogen-Power-Porridge
mit Pflaumen und Haselnüssen

Ein Tag voller Herausforderungen steht an – das geht nur mit einem reichhaltigen Frühstück und dafür ist Porridge genau das Richtige! Er wärmt den Magen, ist superschnell zubereitet und wappnet Sie für alles, was auf Sie zukommen mag.

Für 1 Portion

- 100 g Pflaumen
- 30 g Haselnüsse
- 40 g zarte Haferflocken
- 150 ml Milch oder Haferdrink
- 1 Prise Salz

Außerdem:

- Ahornsirup oder Honig und Zimt nach Belieben

Die Pflaumen putzen, vierteln und beiseitestellen. Die Haselnüsse grob hacken, in einer Pfanne ohne Fett rösten und ebenfalls beiseitestellen.

Die Haferflocken zusammen mit der Milch und 50 ml Wasser in einen Topf geben und bei hoher Hitze kurz aufkochen lassen. Anschließend den Topf von der Herdplatte ziehen und den Porridge abgedeckt 5 Min. ruhen lassen. Zum Schluss Salz zugeben.

Den fertigen Porridge in eine Schüssel füllen, die Pflaumen und gerösteten Haselnüsse daraufgeben und das Ganze nach Belieben mit Ahornsirup und Zimt würzen.

Tipp: Je nach Jahreszeit kann das Porridge-Topping natürlich wechseln. Wie wäre es zum Beispiel mit frischen Erdbeeren und Vanille für den Sommer oder einer Kombination aus Birne und Walnüssen im Winter?

Sonntags-Pancakes

Endlich Wochenende! Zeit, sich und der Familie etwas Gutes zu tun, zum Beispiel in Form eines ausgiebigen Frühstücks! Diese Pancakes sind natürlich auch an Feiertagen und in den Schulferien bestens für ein Familienfrühstück geeignet.

Für 4 Portionen

- 70 g Butter
- 275 g Mehl (Type 405)
- 60 g Zucker
- 3 TL Weinstein-Backpulver
- 1 Prise Salz
- 2 Eier
- 500 ml Buttermilch

Außerdem:

- Butter zum Ausbacken
- Ahornsirup und Früchte (z. B. Erdbeeren, Brombeeren, Bananen etc.) zum Garnieren

Die Butter in einen kleinen Topf geben, bei mittlerer Hitze schmelzen und anschließend abkühlen lassen. In der Zwischenzeit die trockenen Zutaten in einer Schüssel miteinander vermengen und beiseitestellen.

Die Butter mit den Eiern und der Buttermilch mischen und zu den trockenen Zutaten geben. Alles locker miteinander verrühren. Dabei aber nicht zu viel rühren, sonst werden die Pancakes anschließend hart. Wenn ein paar Mehlklümpchen im Teig zu sehen sind, macht das nichts.

Butter in einer Pfanne erhitzen, dann pro Pancake eine kleine Kelle Teig in die Pfanne geben und die Pancakes bei kleiner Hitze backen. Wenn sich an der Oberfläche Blasen bilden, kann man die Pancakes wenden und von der anderen Seite ausbacken. Mit Ahornsirup und frischem Obst genießen.

Tipp: Für das Familienfrühstück die fertigen Pancakes im Ofen bei niedriger Temperatur warm halten, bis der ganze Teig fertig gebacken ist.

Anti-Stress-
Müsliriegel

Die selbst gemachten Müsliriegel sind nicht nur ein superleckerer Frühstücksnack, sie eignen sich auch, um während des Schultags Wut abzubauen: Im Falle aufkommender Gereiztheit einfach kräftig in den Riegel beißen, anstatt sich darüber zu ärgern, dass die Schülerinnen und Schüler auch beim 1000. Mal nicht verstanden haben, dass man Brüche kürzen muss.

Für 12 Stück

- 100 g Haselnüsse
- 200 g zarte Haferflocken
- 50 g Dinkel, gepufft
- 3 EL Kokosöl
- 3 EL Honig
- 1 Handvoll Rosinen (oder andere Trockenfrüchte, wie z. B. getrocknete Aprikosen, Datteln oder Cranberrys)

Den Ofen auf 160 °C (Ober-/Unterhitze) vorheizen. Eine Auflaufform (20 x 30 cm) mit Backpapier auslegen.

Die Haselnüsse grob hacken und mit Haferflocken und Dinkel vermengen. Anschließend das Kokosöl zusammen mit dem Honig in einem Topf bei mittlerer Hitze schmelzen lassen. Zu den trockenen Zutaten geben und gut vermengen. Dann die Rosinen unterheben.

Die Masse in die Auflaufform geben und gut festdrücken. Je fester sie zusammengedrückt wird, desto besser halten die Müsliriegel zusammen. Im Ofen ca. 20 Min. backen, bis die Riegel goldbraun sind.

Anschließend die Auflaufform aus dem Ofen nehmen und die Riegel etwas erkalten lassen. Im halbwarmen Zustand in Quadrate schneiden und, wenn sie ganz ausgekühlt sind, in einer Box luftdicht verpacken.

Tipp: Wer mag, kann die Müsliriegel auch noch mit geschmolzener Zartbitterschokolade verzieren.

Leckereien für große Pausen & lange Konferenzen

Pausenhelfer-Nudelsalat „Asia"

Mal wieder Pausenaufsicht und der Hunger stellt sich ein? Gar kein Problem, denn dieser Nudelsalat kann einfach in ein Glas geschichtet und ganz bequem im Stehen verzehrt werden.

Für 2 Portionen

Für das Dressing:

- 3 EL Sesamöl
- 2 EL Weißweinessig
- 1 EL Sojasoße
- 1 TL geriebener Ingwer
- 2 TL Erdnussmus

Für den Salat:

- 100 g Mie-Nudeln
- 250 g Shiitakepilze
- 1 Möhre
- ½ rote Paprikaschote
- Salz
- 2 Frühlingszwiebeln
- 1 Handvoll Erdnüsse

Außerdem:

- Pflanzenöl zum Anbraten (Raps- oder Sonnenblumenöl)

Für das Dressing alle Zutaten miteinander vermengen.

Für den Salat die Mie-Nudeln nach Packungsanweisung bissfest garen. Abgießen und mit kaltem Wasser abschrecken. In der Zwischenzeit die Shiitakepilze putzen und in Scheiben schneiden. Die Möhre schälen, die Paprika von Samen und Scheidewänden befreien und beides in feine Streifen schneiden.

Etwas Öl in einer Pfanne erhitzen und die Shiitakepilze bei mittlerer Hitze 5–10 Min. anbraten. Mit Salz würzen und vom Herd nehmen. Die Frühlingszwiebeln putzen und in feine Ringe schneiden.

Die Hälfte des Dressings in einen Behälter (z. B. ein Glas) geben, dann die Hälfte der Möhren- und Paprikastreifen darauf verteilen, anschließend die Hälfte der Mie-Nudeln und Pilze daraufgeben und den Salat zum Schluss mit Frühlingszwiebeln und Erdnüssen toppen. Beim zweiten Glas wiederholen.

Tipp: Wer keine Erdnüsse mag oder dagegen allergisch ist, kann sowohl die Nüsse als auch das Erdnussmus einfach weglassen.

„Wir gehen auf Klassenfahrt"-
Energiebällchen

Es geht auf Klassenfahrt! Zur Überbrückung langer Bus- oder Zugfahrten sind diese Energiebällchen sehr zu empfehlen. Sie schmecken wie Pralinen, kommen aber vollkommen ohne raffinierten Zucker aus. Ein zusätzliches Plus: Sie können sie ganz wunderbar mit Ihren Kolleginnen und Kollegen teilen.

Für ca. 25 Stück

- 150 g getrocknete Datteln
- 70 g Cashewkerne
- 30 g Mandeln
- 2 EL flüssiges Kokosöl
- 2 EL Kakaopulver
- 1 Prise Salz

Die Datteln, die Cashewkerne und die Mandeln in eine Küchenmaschine mit S-Messer oder in einen Blender geben. Das Kokosöl, das Kakaopulver und das Salz zufügen und alles zu einer formbaren Masse verarbeiten. Sollte die Masse zu fest sein, einfach noch etwas Wasser zugeben.

Die Masse mit den Händen zu kleinen Kugeln formen und diese für 1–2 Std. in den Kühlschrank stellen.

Tipp: Wer mag, kann die Energiebällchen auch noch in Kakaopulver oder Kokosflocken wälzen.

Ganztags-Gemüsecouscous orientalischer Art

Wer einen ganzen Tag in der Schule ausharren muss, braucht Kohlenhydrate! Dieser Ganztags-Gemüsecouscous lässt einen nicht nur lange Tage überstehen – wenn man sich zurücklehnt und beim Essen die Augen schließt, ist man schnurstracks im Urlaub!

Für 2–3 Portionen

Für den Couscous:

- 1 Glas Kichererbsen (à 400 g)
- ½ rote Paprikaschote
- ½ Zucchini
- 1 Möhre
- 1 Zwiebel
- 4 EL Olivenöl
- 1 TL Honig
- je 1 TL gemahlener Kreuzkümmel, gemahlene Kurkuma und gemahlener Koriander
- 1 kräftige Prise Zimt
- 1 TL Salz
- 125 g Couscous
- 250 ml Gemüsebrühe
- 1 TL Butter
- 2 Frühlingszwiebeln
- 3 getrocknete Datteln

Für den Joghurtdip:

- 250 g Naturjoghurt
- 1 EL Olivenöl
- Salz und Pfeffer

Den Ofen auf 180 °C (Umluft) vorheizen.

Für den Couscous die Kichererbsen in einem Sieb abtropfen lassen. Die Paprika von Samen und Scheidewänden befreien und die Zucchini putzen. Beides würfeln. Die Möhre und die Zwiebel schälen, längs halbieren und in Scheiben schneiden. Anschließend alles in einer großen Schüssel mit Olivenöl, Honig, den Gewürzen und Salz vermischen, bis das Gemüse gleichmäßig mariniert ist. Auf ein Blech mit Backpapier geben und 30–35 Min. backen.

In der Zwischenzeit den Couscous mit der kochenden Gemüsebrühe übergießen und abgedeckt ziehen lassen, bis er die ganze Brühe aufgesogen hat. Dann die Butter unterrühren.

Für den Dip den Joghurt mit dem Olivenöl vermengen und mit Salz und Pfeffer würzen.

Die Frühlingszwiebeln putzen und in Röllchen schneiden, die Datteln würfeln und beides über den Couscous geben. Mit dem Gemüse und dem Dip genießen.

Kollegiums-Apfelkuchen

Der Geburtstag steht vor der Tür und die Kolleginnen und Kollegen sollen auf ein Stück Kuchen eingeladen werden oder es steht nachmittags eine lange Konferenz an, bei der sich die Mitstreiterinnen und Mitstreiter über eine kleine Stärkung freuen – dieser Apfelkuchen ist super für große Runden geeignet und macht garantiert alle glücklich.

Für 1 Blech

Für den Apfelkuchen:

- 750 g Äpfel (Braeburn oder Boskop)
- Mark von 1 Vanilleschote
- 250 g weiche Butter
- 220 g Zucker
- 4 Eier
- 400 g Mehl
- 1 Prise Salz
- 3 TL Weinstein-Backpulver
- 100 ml Buttermilch

Für die Streusel:

- 50 g gemahlene Haselnüsse
- 80 g kalte Butter
- 60 g Zucker
- 80 g Mehl

Den Ofen auf 200 °C (Ober-/Unterhitze) vorheizen.

Für den Kuchen die Äpfel schälen, vierteln, entkernen, in Scheiben schneiden und beiseitestellen. Das Vanillemark zusammen mit der Butter und dem Zucker in eine Schüssel geben. Mit einem Handrührer oder einer Küchenmaschine schaumig schlagen.

Anschließend nach und nach die Eier zugeben und die Masse so lange schlagen, bis sie weich und schaumig ist. In einer zweiten Schüssel das Mehl mit dem Salz und dem Backpulver mischen. Die Mehlmischung mit der Buttermilch im Wechsel zu der Butter-Zucker-Masse geben und mit einem Holzlöffel unterrühren. Ein Blech mit Backpapier auslegen, die Teigmasse daraufgeben und mit den Apfelscheiben belegen.

Für die Streusel die Haselnüsse mit der Butter, dem Zucker und dem Mehl zügig zu Streuseln verarbeiten und diese über den Kuchen geben. Im Ofen 25–30 Min. backen. Dann herausholen und abkühlen lassen.

Tipp: Wenn Sie einen Blender besitzen, greifen Sie auf ganze Haselnüsse zurück und mahlen diese selbst. Dann sind die Nussöle frischer.

„AB IN DIE"- PENNE ALL'AMATRICIANA

Der Gang in die Penne wird noch leichter, wenn Sie sich mittags auf glücklich machendes Essen freuen können. Und da Nudeln noch glücklicher machen, wenn man sie mit Zwiebeln, Tomaten und Speck kombiniert, greifen Sie doch zu dieser Variante!

Für 2 Portionen

- 1 rote Zwiebel
- 1 Knoblauchzehe
- ½ rote Chilischote
- 100 g geräucherter Speck
- 1 Dose ganze Tomaten (à 400 g)
- Salz und Pfeffer
- 1 Prise Zucker
- 200 g Penne
- 150 g Kirschtomaten

Außerdem:

- Olivenöl zum Anbraten
- geriebener Parmesan zum Bestreuen nach Belieben

Die Zwiebel und den Knoblauch schälen und fein würfeln. Chili von Samen und Scheidewänden befreien und ebenfalls würfeln. Den Speck zunächst in Scheiben und dann in Würfel schneiden.

Das Olivenöl in einer großen Pfanne mit Deckel erhitzen. Die Zwiebel mit dem Speck in die Pfanne geben und beides bei mittlerer Hitze anschwitzen. Nach ca. 3 Min. die Knoblauch- und Chiliwürfel zufügen und alles einige Minuten weiterbraten. Dann die Dosentomaten zugeben, mit den anderen Zutaten verrühren und mit Salz, Pfeffer und Zucker abschmecken. Die Soße bei geschlossenem Deckel ca. 30 Min. köcheln lassen, zwischendurch umrühren.

Währenddessen die Penne nach Packungsanweisung garen, abgießen und beiseitestellen. Die Kirschtomaten putzen, halbieren, entstrunken und 5–10 Min. vor Ende der Garzeit in die Soße geben und unterrühren.

Zum Schluss die Penne unter die Soße heben, alles mit Salz und Pfeffer abschmecken und nach Belieben mit Parmesan bestreuen.

Kopierfreundlicher Kartoffelsalat

Eigentlich würden Sie gerne etwas essen, aber das Deutsch-Arbeitsblatt für die 4a muss noch kopiert werden und Sie wollten auch noch drei Sätze mit der Schulleitung wechseln … Kein Problem, dieser Kartoffelsalat lässt sich wunderbar verputzen, während man dem Kopierer beim Vervielfältigen zuschaut.

Für 1 Portion

Für den Salat:

- 150 g festkochende Kartoffeln
- 4 Stangen grüner Spargel
- 3 getrocknete Tomaten in Öl
- 1 EL Pinienkerne
- 8 schwarze Oliven ohne Stein (z. B. Kalamata)

Für das Dressing:

- 1 Handvoll Basilikumblätter
- 4 EL Olivenöl
- 2 EL Weißweinessig
- 10 g geriebener Parmesan
- 1 TL Honig
- Pfeffer

Außerdem:

- Salz

Für den Salat die Kartoffeln mit Schale in ausreichend Salzwasser 25–30 Min. kochen.

In der Zwischenzeit den Spargel waschen, die holzigen unteren Enden abschneiden und den Spargel in mundgerechte Stücke schneiden. In kochendem Salzwasser ca. 4 Min. garen, anschließend mit kaltem Wasser abschrecken. Die Tomaten würfeln. Die Pinienkerne in einer Pfanne ohne Fett rösten.

Für das Dressing die Basilikumblätter abbrausen und trocken tupfen. Anschließend in ein hohes Gefäß geben und mit dem Olivenöl, dem Weißweinessig und dem Parmesan pürieren. Mit Honig, Salz und Pfeffer abschmecken.

Die Kartoffeln pellen und in ca. 2 cm dicke Scheiben schneiden. Das Dressing in ein Glas oder anderes Behältnis füllen, anschließend die Kartoffeln zugeben, dann den Spargel, die Tomaten und die Oliven daraufschichten. Zum Schluss mit den gerösteten Pinienkernen toppen.

„Die Konferenz schaff ich auch noch"-
Stullenvariationen

Wenn Konferenzen mal wieder länger dauern oder noch zehrende Elterngespräche anstehen, dann machen Sie mit diesen Stullen nichts falsch! Sie sind superschnell vorbereitet, spenden lange Energie und schmecken einfach richtig gut.

Für je 1 Stulle

Für die Avocado-Ziegenkäse-Stulle:
- 2 TL Ziegenfrischkäse
- ½ Avocado
- ¼ Tomate
- Salz und Pfeffer
- Rucola nach Belieben

Für die Erdnuss-Blaubeer-Stulle:
- 1 TL Mandeln
- 2 TL Erdnussmus
- 1 Handvoll Blaubeeren

Für die Hummus-Paprika-Stulle:
- 3 TL Hummus
- ½ rote Paprikaschote
- 50 g Feta

Außerdem:
- 6 Scheiben Sauerteigbrot

Für die Avocado-Ziegenkäse-Stulle eine Brotscheibe mit dem Frischkäse bestreichen. Die halbe Avocado entkernen, das Fruchtfleisch aus der Schale lösen, in Scheiben schneiden und auf dem Frischkäse verteilen. Die Tomate ebenfalls in Scheiben schneiden und auch auf die Brotscheibe geben. Mit Salz und Pfeffer würzen. Ggf. Rucola waschen, trocken schleudern und auf den Tomatenscheiben verteilen. Die zweite Brotscheibe oben drauflegen und die Stulle in zwei Hälften teilen.

Für die Erdnuss-Blaubeer-Stulle die Mandeln in einer Pfanne ohne Fett rösten und abkühlen lassen. Das Erdnussmus auf einer Brotscheibe verteilen. Die Blaubeeren waschen, abtropfen lassen und das Brot damit belegen. Die gerösteten Mandeln daraufgeben und mit der zweiten Brotscheibe abdecken. Die Stulle in zwei Hälften teilen.

Für die Hummus-Paprika-Stulle eine Brotscheibe mit dem Hummus bestreichen. Die Paprika von Samen und Scheidewänden befreien, in Streifen schneiden und auf dem Hummus verteilen. Den Feta würfeln und auf die Paprika geben. Zum Schluss die zweite Brotscheibe oben drauflegen und die Stulle in zwei Hälften teilen.

„Heute bleibt die Küche kalt"-

Paprikasuppe mit Croûtons

Sie haben keine Mikrowelle in der Schule und nicht immer Lust auf Salat? Wie wäre es stattdessen mit einer Suppe, die man auch kalt genießen kann? Die gerösteten Paprika brauchen zwar etwas Zeit, aber die Mühe wird mit einem tollen Aroma belohnt.

Für 2 Portionen

Für die Suppe:

- 3 rote Paprikaschoten
- 1 rote Zwiebel
- 300 ml Gemüsebrühe
- 2 TL Paprikapulver edelsüß
- ½ TL Paprikapulver rosenscharf

Für die Croûtons:

- 1 Scheibe Vollkorntoast
- Salz nach Belieben

Außerdem:

- 2 Knoblauchzehen
- Olivenöl zum Anbraten
- Schnittlauchröllchen zum Garnieren

Für die Suppe den Ofen auf 220 °C (Grillstufe) vorheizen. Die Paprika von Samen und Scheidewänden befreien und längs vierteln. Mit der Hautseite nach oben auf ein Blech legen und auf der obersten Schiene grillen, bis die Haut schwarze Blasen wirft. In der Zwischenzeit die Zwiebel und den Knoblauch schälen und würfeln.

Die Paprika aus dem Ofen nehmen, in eine Schüssel geben, luftdicht verschließen (z. B. mit einem passenden Deckel) und ruhen lassen. Danach häuten und in Stücke schneiden. Das Öl in einem Topf erhitzen, Zwiebel und Knoblauch darin bei mittlerer Hitze glasig dünsten. Die Paprika zugeben und 2 Min. mitdünsten. Mit Gemüsebrühe auffüllen und 8–10 Min. köcheln lassen. Alles mit einem Pürierstab fein pürieren und mit Paprikapulver abschmecken. Die Suppe in Gläser umfüllen und abkühlen lassen.

Für die Croûtons den Toast würfeln, die Knoblauchzehe schälen und andrücken. Olivenöl mit dem Knoblauch in einer Pfanne erhitzen, Toastwürfel zugeben und bei mittlerer Hitze goldbraun rösten. Nach Belieben mit Salz würzen.

Die Croûtons und die Schnittlauchröllchen separat verpacken und die Suppe damit kurz vor dem Verzehr garnieren.

„Ich habe eure Klassenarbeiten leider nicht dabei“-Hafercookies

Manchmal muss man auch bei der Klasse zu Kreuze kriechen – zum Beispiel, wenn die Korrekturen der letzten Klassenarbeit schon wieder nicht fertig geworden sind. Cookies helfen, ungeduldige Schülerinnen und Schüler zu besänftigen und zu vertrösten.

Für 30 Cookies

- 100 g Zartbitterschokolade
- 100 g getrocknete Cranberrys
- 200 g weiche Butter
- 100 g Zucker
- 1 EL Zuckerrübensirup
- 2 Eier
- 200 g Mehl
- 2 TL Weinstein-Backpulver
- 1 kräftige Prise Salz
- 100 g kernige Haferflocken
- 100 g zarte Haferflocken

Den Ofen auf 180 °C (Ober-/Unterhitze) vorheizen.

Zartbitterschokolade und Cranberrys hacken und beiseitestellen. Die Butter zusammen mit dem Zucker und dem Zuckerrübensirup mit einem Handrührer oder einer Küchenmaschine schaumig schlagen. Dann die Eier zugeben und die Masse noch einmal 2–3 Min. schlagen.

In einer weiteren Schüssel das Mehl mit dem Backpulver und dem Salz vermengen und zu der Butter-Zucker-Mischung geben. Mithilfe eines Löffels vorsichtig unterrühren. Dabei darauf achten, dass man nicht so stark rührt, sonst werden die Cookies nachher sehr hart. Zum Schluss die Haferflocken, die gehackte Zartbitterschokolade und die Cranberrys unterheben.

Ein Blech mit Backpapier auslegen und große Tropfen des Teiges mit ausreichend Abstand zueinander auf das Blech setzen und leicht andrücken, damit die Cookies ihre typische Form bekommen. 12–14 Min. backen, anschließend auf einem Gitter auskühlen lassen.

Konferenztauglicher
Hummusdip mit Gemüsesticks

Diese knoblauchfreie Hummus-Variante eignet sich super als Konferenz- oder Elternsprechtags-Snack. Für die Grillparty am Wochenende darf dann wieder eine fein gehackte Knoblauchzehe mit rein.

Für 2 Portionen

Für den Hummusdip:

- 200 g Kichererbsen
- 1 EL Zitronensaft
- 3 EL Olivenöl
- 2 EL Sesammus (Tahin)
- ½ TL gemahlener Koriander
- ½ TL gemahlener Kreuzkümmel
- Salz und Pfeffer
- 8 Stiele Petersilie nach Belieben

Zum Dippen:

- 1 Fenchelknolle
- 3 Stangen Stangensellerie
- 2 Möhren
- 1 Paprikaschote
- Grissini-Stangen oder Salzbrezeln nach Belieben

Für den Hummusdip die Kichererbsen abspülen und in einem Sieb abtropfen lassen. Dann alle Zutaten bis auf die Petersilie mit 3 EL Wasser in ein hohes Gefäß geben und mit einem Pürierstab so lange pürieren, bis alles cremig ist. Ggf. die Petersilie abbrausen, trocken schütteln, die Blättchen abzupfen, klein hacken und unterrühren.

Für das Dipgemüse alle Gemüsesorten putzen, die Möhren schälen, die Paprika von Samen und Scheidewänden befreien. Gemüse in 8–10 cm lange Streifen schneiden.

Alles in passende Servier- oder Transportgefäße geben. Wer gerne ein paar Kohlenhydrate beim Essen hat, packt noch separat ein paar Grissini-Stangen oder Brezeln ein.

Tipp: Diese fluffige Creme eignet sich gut zum Dippen. Wenn Sie sie als Brotaufstrich verwenden wollen (z.B. für die Stullen von S. 38), nehmen Sie 1 EL Öl und 1 EL Wasser weniger.

Wandertag-
Bulgursalat

Es ist Wandertag und während sich Ihre Schülerinnen und Schüler den Bauch mit Gummibärchen und Schokolade vollschlagen, könnten Sie zu diesem gut mitnehmbaren Bulgursalat greifen. Einfach im Sitzen, Stehen oder beim Schüler-Nachjagen genießen!

Für 2 Portionen

Für den Salat:

- 125 g Bulgur
- 125 ml Gemüsebrühe
- ½ Gurke
- 1 Handvoll Kirschtomaten
- 8 schwarze Oliven ohne Stein (z. B. Kalamata)
- 75 g Feta
- 5 Stiele glatte Petersilie
- 3 Frühlingszwiebeln

Für das Dressing:

- 3 EL Olivenöl
- Saft von ½ Bio-Limette
- Salz und Pfeffer

Für den Salat den Bulgur in einen Topf geben und mit der Gemüsebrühe einmal aufkochen lassen. Topf vom Herd nehmen und den Bulgur zugedeckt ca. 20 Min. quellen lassen.

In der Zwischenzeit die Gurke schälen und würfeln.
Die Kirschtomaten putzen, halbieren und entstrunken.
Die Oliven ebenfalls halbieren und den Feta würfeln.
Die Petersilie abbrausen und trocken schütteln, die Blättchen abzupfen und klein hacken. Die Frühlingszwiebeln putzen und in feine Ringe schneiden.

Für das Dressing Olivenöl mit dem Limettensaft mischen und mit Salz und Pfeffer würzen.

Die Hälfte des Dressings in einen Behälter (z. B. ein Glas) geben. Dann nacheinander die Hälfte des Bulgurs, der Gurke und der Tomaten zufügen. Anschließend einen Teil der Oliven und des Fetas daraufschichten und den Salat mit Petersilie und Frühlingszwiebeln toppen. Beim zweiten Glas wiederholen.

Hitverdächtige WRAPS in der Lunchbox

Statt sich von der 8c um den Finger wickeln zu lassen („Können wir einen Film gucken? Biiiiiiiitteeeeee!"), wickeln Sie ganz lässig selbst – und zwar Ihre Lieblingszutaten zu einem unwiderstehlichen Pausensnack. Besser als jeder Kinohit!

Für 2 Wraps

Für die vegetarische Variante:

- ½ EL Pinienkerne
- 1 EL Basilikumpesto
- 30 g Kirschtomaten
- 3 getrocknete Tomaten in Öl
- ½ Kugel Mozzarella
- 1 EL Crema di Balsamico

Für die Lachsvariante:

- 1 TL Honig
- 1 EL mittelscharfer Senf
- 1 EL Weißweinessig
- 1 Stängel Dill
- 2 Walnusskerne
- 50 g Räucherlachs

Außerdem:

- 2 Tortillafladen
- 50 g Frischkäse
- Salz und Pfeffer
- 2 Handvoll Rucola

Die Tortillafladen in einer Pfanne ohne Fett rösten.

Für die vegetarische Variante die Pinienkerne ebenfalls in einer Pfanne ohne Fett rösten. 25 g Frischkäse mit dem Pesto verrühren und mit Salz und Pfeffer abschmecken. Die Kirschtomaten putzen, halbieren, entstrunken und würfeln. Die getrockneten Tomaten ebenfalls würfeln. Eine Handvoll Rucola waschen, trocken schleudern und hacken. Den Mozzarella in Scheiben schneiden. Einen Tortillafladen mit dem Pestodip bestreichen und die Zutaten gleichmäßig darauf verteilen. Zum Schluss mit der Crema di Balsamico beträufeln und den Tortillafladen einrollen.

Für die Lachsvariante 25 g Frischkäse mit Honig, Senf und Weißweinessig verrühren. Dill abbrausen, trocken schütteln, Dillspitzen abzupfen und hacken. Zusammen mit Salz und Pfeffer zu der Masse geben und unterrühren. Restlichen Rucola waschen, trocken schleudern und hacken. Die Walnüsse ebenfalls grob hacken. Den Tortillafladen mit dem Honig-Senf-Dip bestreichen, alle Zutaten darauf verteilen und zu einem Wrap rollen.

Tipp: Für selbst gemachte Tortillafladen 100 g Dinkelmehl (Type 630) mit 50 ml Wasser und 1 Prise Salz zu einem Teig verkneten. Den Teig teilen, ausrollen und in einer Pfanne ohne Fett ausbacken.

„Endlich verbeamtet!“ – Süsskartoffel-Käsekuchen

mit Hagebuttensosse

Dieser feinwürzige Käsekuchen ist etwas ganz Besonderes und somit genau das Richtige für eine kleine Feier im Kreise der Kolleginnen und Kollegen, zum Beispiel, wenn die langersehnte Verbeamtung ins Haus steht!

Für 1 Springform (Ø 26 cm)

Für den Käsekuchen:

- 400 g Süßkartoffeln (geschält gewogen)
- 600 g Magerquark
- 200 g Frischkäse
- 150 g Zucker
- 1 TL Vanillepaste/-extrakt
- 1 Msp. gemahlene Nelken
- 1 Msp. gemahlener Muskat
- 5 Eier
- 50 g Speisestärke

Für die Soße:

- 6 EL Hagebuttenkonfitüre
- 2 EL frisch gepresster Zitronensaft

Außerdem:

- 1 Bio-Orange
- Butter für die Form

Die Zutaten rechtzeitig bereitstellen, sodass alles Zimmertemperatur hat. Ofen auf 180 °C (Ober-/Unterhitze) vorheizen.

Für den Käsekuchen die Süßkartoffeln klein schneiden und 5–7 Min. weich kochen. Abgießen, fein pürieren und abkühlen lassen.

Orange heiß abwaschen, trocken tupfen und 1 TL Schale abreiben. Saft auspressen und 6 EL für die Soße beiseitestellen. Die Form fetten und von außen mit Alufolie umkleiden. In einer großen Schüssel Quark, Frischkäse, Zucker, Vanillepaste, Gewürze, Orangenschale und 3 EL des übrigen Orangensaftes mit dem Handrührer verrühren. Dann das Süßkartoffelpüree und nacheinander die Eier untermengen. Zum Schluss die Stärke zusieben und unterheben.

Masse in die Form geben, die Hitze auf 140 °C reduzieren und Kuchen 60–75 Min. backen. Er kann in der Mitte noch etwas „wabbelig“ sein. Den Ofen ausschalten und den Kuchen bei leicht geöffneter Tür mindestens 2 Std. auskühlen lassen. Vor dem Anschneiden einige Stunden in den Kühlschrank stellen.

Für die Soße Konfitüre, Zitronen- und die beiseitegestellten 6 EL Orangensaft verrühren. Die Soße separat servieren.

Hitzefrei-
Zitronen-Ingwer-Limonade

Wenn die Hitze im Lehrerzimmer mal wieder unerträglich wird und der nächste Urlaub noch ein paar Wochen hin ist, dann hilft diese Limonade. Der Sirup hält sich im Kühlschrank mehrere Tage und kann nach Bedarf mit kaltem Mineralwasser im Mischungsverhältnis von 1:8 aufgegossen werden.

Für ca. 2 l Limonade

- 60 g Ingwer
- Saft von 6 Bio-Zitronen
- 200 g brauner Zucker
- Mineralwasser zum Auffüllen
- einige Stiele Zitronenmelisse
- Eiswürfel

Den Ingwer schälen und in Scheiben schneiden. Zusammen mit dem Zitronensaft und dem Zucker in einen Topf geben. Bei hoher Hitze kurz aufkochen lassen und anschließend bei mittlerer Hitze 5–8 Min. zu einem Sirup köcheln lassen. Diesen vollkommen abkühlen lassen.

Den fertigen Sirup durch ein Sieb in eine Flasche seihen und mit dem Mineralwasser auffüllen. Die Zitronenmelisse abbrausen und trocken schütteln. Zusammen mit einigen Eiswürfeln in ein Glas geben und mit der Limonade begießen.

Lohnverteiler

Anti-Winterblues-Kartoffel-Lauch-Eintopf

Gerade im Winter fällt die Pausen- oder Busaufsicht schwer. Der Anti-Winterblues-Kartoffel-Lauch-Eintopf wärmt nicht nur Ihre eingefrorenen Hände, sondern hinterlässt auch ein wohliges Gefühl im Bauch.

Für 4 Portionen

- 2 Knoblauchzehen
- 1 Stange Lauch
- 400 g Kartoffeln
- 500 g Rinderhackfleisch
- Salz
- 600 ml Gemüsebrühe
- 1 rote Paprikaschote
- 200 ml Sahne
- Pfeffer

Außerdem:

- Pflanzenöl zum Anbraten (Raps- oder Sonnenblumenöl)

Den Knoblauch schälen und fein würfeln. Den Lauch halbieren, gründlich waschen und in feine Halbringe schneiden. Die Kartoffeln schälen und in Würfel schneiden.

Das Pflanzenöl in einem Topf mit dickem Boden erhitzen. Das Rinderhackfleisch zugeben und bei mittlerer bis hoher Hitze in 8–10 Min. krümelig braten. Anschließend mit Salz würzen. Den Knoblauch und den Lauch zugeben und kurz mitbraten. Die Kartoffeln zusammen mit der Gemüsebrühe zufügen und die Hitze reduzieren. Den Eintopf bei kleiner Hitze 15–20 Min. köcheln lassen, bis die Kartoffelstückchen gar sind.

In der Zwischenzeit die Paprika von Samen und Scheidewänden befreien und würfeln. 5 Min. vor Ende der Garzeit die Paprika zugeben und mitkochen.

Zum Ende der Garzeit den Herd ausschalten und die Sahne in den Eintopf rühren. Anschließend mit Salz und Pfeffer würzen.

to be
CRAZY
ENOUGH
love

Endlich Schulschluss!

Schulschluss-Quesadillas mit Salat

Feierabend! Und da in „Feierabend" schließlich das Wörtchen „feiern" steckt, zelebrieren Sie Ihre Nach-der-Schule-Zeit doch mal mit würzigen Spinat-Paprika-Quesadillas und einem frischen Salat!

Für 4 Portionen

Für den Salat:

- 150 g gemischter Salat (z. B. Eichblatt, Radicchio, Chicorée, Babyspinat etc.)
- 3 EL griechischer Joghurt
- Saft von ½ Bio-Zitrone
- 2 EL Olivenöl
- Zucker nach Belieben

Für die Quesadillas:

- 50 g Pinienkerne
- 150 g Spinat
- 1 kleine Zwiebel
- 1 Knoblauchzehe
- 1 rote Paprikaschote
- 100 g geriebener Manchego oder Cheddar
- 4 große Tortillafladen

Außerdem:

- Salz und Pfeffer
- Olivenöl zum Anbraten

Für den Salat die verschiedenen Salatsorten waschen und trocken schleudern. Den Joghurt mit dem Zitronensaft und dem Olivenöl verrühren. Mit etwas Wasser verdünnen und mit Salz, Pfeffer und ggf. etwas Zucker abschmecken.
Mit dem Salat vermischen.

Für die Quesadillas die Pinienkerne in einer Pfanne ohne Fett rösten und beiseitestellen. Den Spinat waschen und trocken schleudern. Die Zwiebel und den Knoblauch schälen und würfeln, die Paprika von Samen und Scheidewänden befreien und ebenfalls würfeln. Olivenöl in einer Pfanne erhitzen und die Zwiebel darin bei kleiner Hitze 8–10 Min. anschwitzen. Nach ca. 4 Min. den Knoblauch und die Paprika zufügen. Anschließend den Spinat zugeben und zusammenfallen lassen. Die Masse mit dem Käse und den Pinienkernen vermischen und mit Salz und Pfeffer würzen.
Die Käse-Spinat-Füllung auf zwei Tortillafladen verteilen und mit den anderen Tortillafladen abdecken.

Die Quesadillas in einer Pfanne ohne Fett bei kleiner Hitze von jeder Seite 2–4 Min. braten, bis der Käse in der Mitte geschmolzen ist und die Tortillafladen goldbraun sind. Die Quesadillas vierteln und zusammen mit dem Salat servieren.

„Alle werden satt"-
Linsen-Bolognese

Essen für die große Horde: Mit dieser köstlichen Linsen-Bolognese bekommen Sie alle satt, die sich abends um den Küchentisch tummeln. Außerdem lassen sich eventuelle Soßenreste sehr gut portionsweise einfrieren und dann sukzessive immer mal wieder mit in die Schule nehmen.

Für 4–6 Portionen

- 250 g Berglinsen
- 2 Lorbeerblätter
- 1 große rote Zwiebel
- 2 Knoblauchzehen
- 3 Möhren
- 2 Stangen Stangensellerie
- 1 l passierte Tomaten
- 1 TL getrockneter Oregano
- ½ TL getrockneter Thymian
- 1 EL Aceto balsamico
- 1 Prise Zucker
- Salz und Pfeffer
- 1 Paket Spaghetti oder Linguine

Außerdem:

- Olivenöl zum Anbraten
- geriebener Parmesan zum Servieren

Die Berglinsen zusammen mit den Lorbeerblättern nach Packungsanweisung gar kochen.

Die Zwiebel, den Knoblauch und die Möhren schälen und in Würfel schneiden. Die Stangensellerie putzen und ebenfalls würfeln.

Das Olivenöl in einer großen Pfanne mit Deckel erhitzen und die Zwiebel und den Knoblauch darin anschwitzen. Anschließend Möhren und Stangensellerie zugeben und bei kleiner bis mittlerer Hitze 5–8 Min. braten. Die fertigen Linsen (ohne die Lorbeerblätter), die passierten Tomaten und die Kräuter zufügen und unterrühren. Ggf. noch etwas Wasser zugeben. Die Bolognese mit Aceto balsamico, Zucker sowie Salz und Pfeffer würzen. Mit geschlossenem Deckel ca. 30 Min. bei mittlerer Hitze köcheln lassen.

In der Zwischenzeit die Nudeln nach Packungsanweisung gar kochen.

Zum Ende der Garzeit die Soße noch einmal mit Salz und Pfeffer abschmecken. Zusammen mit Spaghetti und Parmesan servieren.

Couch-Potatoes
mit zweierlei Toppings

Rauf auf die Couch, Füße hoch und Lieblingsfilm starten. Da das ganze Gericht in der Süßkartoffel serviert wird, brauchen Sie zum Essen nur einen tiefen Teller und vor allen Dingen einen großen Löffel!

Für 4 Portionen

Für das Fenchel-Topping:

- ½ Fenchelknolle
- 1 EL geröstete Sesamsamen
- 2 EL griechischer Joghurt
- 50 g zerbröselter Feta

Für das Avocado-Topping:

- 1 Avocado
- 2 Tomaten
- Zitronensaft nach Belieben
- 2 EL Pinienkerne
- 50 g geriebener Manchego

Außerdem:

- 4 mittelgroße Süßkartoffeln
- Olivenöl
- Salz und Pfeffer

Den Ofen auf 200 °C (Umluft) vorheizen. Süßkartoffeln gründlich waschen, trocknen und mit einer Gabel einstechen. Mit Öl beträufeln und mit Salz bestreuen. Im Ofen ca. 45 Min. backen. Kurz vor Ende der Garzeit mit einer Gabel testen, ob das Fruchtfleisch gut durch ist.

Für das Fenchel-Topping diesen putzen und in Streifen schneiden. In einer Pfanne mit etwas Öl bei mittlerer Hitze braten, bis er eine schöne, braune Farbe angenommen hat. Mit Sesam bestreuen und beiseitestellen.

Für das Avocado-Topping diese halbieren, entkernen, Fruchtfleisch herauslösen, würfeln und in eine Schüssel geben. Tomaten putzen, halbieren, entstrunken, würfeln und zufügen. Nach Belieben mit Zitronensaft, Salz und Pfeffer abschmecken. Pinienkerne in einer Pfanne ohne Fett rösten.

Kartoffeln herausholen und längs halbieren. Fruchtfleisch salzen, pfeffern und mit etwas Öl beträufeln. Mit einer Gabel so leicht zerdrücken, dass die Kartoffel ganz bleibt. Auf je zwei Kartoffeln einen Klecks Joghurt verteilen, dann Fenchel und Feta daraufgeben. Auf die anderen beiden Kartoffeln den Manchego geben, dann mit Avocado-Tomaten-Salat und Pinienkernen toppen.

Kollegen-Candlelight-
Hähnchen-Saltimbocca

Verwöhnen Sie Ihre Lieblingskolleginnen und -kollegen doch einmal mit einem schönen Dinner, zum Beispiel, um einfach mal Danke zu sagen! Die Hähnchen-Saltimboccas kann man hervorragend mit den Kartoffelspalten von S. 66 oder dem Ofengemüse von S. 68 kombinieren. Als Nachtisch empfiehlt sich der Birnencrumble von S. 72.

Für 4 Portionen

- 4 Hähnchenbrustfilets à 150 g
- 1 Bund Salbei
- Salz und Pfeffer
- 5–7 Scheiben Parmaschinken

Außerdem:

- 1 Gefrierbeutel
- 16–20 Zahnstocher
- 1 EL Olivenöl und 1 TL Butter zum Anbraten

Die Hähnchenbrustfilets mit einem Küchenpapier trocken tupfen und von Fett und Sehnen befreien. Längs in vier bis fünf Streifen schneiden, je nach Dicke des Filets. Die Streifen nacheinander in den Gefrierbeutel legen und mit einem Stieltopf flach klopfen.

Anschließend den Salbei abbrausen, trocken schütteln und die Blättchen abzupfen. Die flach geklopften Hähnchenscheiben von allen Seiten salzen und pfeffern. (Achtung: Denken Sie beim Salzen daran, dass der Parmaschinken auch salzig ist!) Ein passendes Stück Parmaschinken zuschneiden und auf das Filetstück geben. Anschließend mit ein bis zwei Blättern Salbei belegen und von der kurzen Seite her aufrollen. Mithilfe eines Zahnstochers die Rolle befestigen. So auch mit den anderen Hähnchenbrustfiletstreifen verfahren.

Olivenöl und Butter in einer Pfanne erhitzen und die Hähnchen-Saltimboccas darin bei mittlerer Hitze ca. 15 Min. rundherum braun anbraten. Sollten sie zu dunkel werden, die Hitze reduzieren und die Bratzeit verlängern.

„Elternabend überlebt"-
Kartoffelspalten mit Sour Cream

Nach dem Elternabend ist vor diesen Belohnungs-Kartoffelspalten: Lehnen Sie sich zurück, lassen Sie den Ofen für sich arbeiten und genießen Sie anschließend knusprig-würzige Kartoffeln mit weich-cremiger Sour Cream – yummy!

Für 4 Portionen

Für die Ofenkartoffeln:

- 2 Zweige Rosmarin
- 800 g vorwiegend festkochende Kartoffeln
- 2 EL Olivenöl
- 1 TL Meersalz

Für die Sour Cream:

- 1 EL Schnittlauchröllchen
- 200 g Schmand
- 100 g saure Sahne
- 1 EL Weißweinessig
- 1 TL Zucker
- Salz und Pfeffer

Für die Kartoffeln den Ofen auf 200 °C (Ober-/Unterhitze) vorheizen.

Den Rosmarin abbrausen, trocken schütteln, die Nadeln abzupfen und fein hacken. In eine Schüssel geben. Die Kartoffeln schälen, in Spalten schneiden und zum Rosmarin geben. Olivenöl und Salz zufügen, alles miteinander vermengen und die Kartoffelspalten auf ein mit Backpapier belegtes Blech geben. Auf mittlerer Schiene 20–30 Min. backen, bis die Kartoffeln braun und knusprig sind. Wer mag, kann zum Schluss noch für einige Minuten den Grill dazuschalten, um den Kartoffeln einen Extrakick Farbe zu verpassen.

Für die Sour Cream den Schnittlauch in eine Schüssel geben, den Schmand und die Sahne zufügen und alles miteinander vermengen. Die Creme mit Weißweinessig, Zucker, Salz und Pfeffer würzen.

„Zeit für mich"-

Ofengemüse mit Fetadip

Endlich Zeit für mich! Das muss gefeiert werden und zwar mit diesem schnell zubereiteten Ofengemüse inklusive herrlich frisch schmeckendem Fetadip. In puncto Gemüse ist alles erlaubt, was das Herz begehrt: Fenchel, Spargel, Auberginen …

Für 4 Portionen

Für das Ofengemüse:

- 3 Möhren
- 1 rote Paprikaschote
- 1 Zucchini
- 250 g braune Champignons
- 1 rote Zwiebel
- Salz
- Thymian oder andere Kräuter nach Belieben

Für den Fetadip:

- 150 g Feta
- 250 g griechischer Joghurt
- 8 Stiele glatte Petersilie
- Zitronensaft nach Belieben
- Pfeffer

Außerdem:

- Olivenöl

Den Ofen auf 180 °C (Ober-/Unterhitze) vorheizen. Für das Ofengemüse die Möhren schälen und in 4–5 cm lange Stücke schneiden. Die Paprika von Samen und Scheidewänden befreien und vierteln. Die Zucchini putzen und in ca. 2 cm dicke Scheiben schneiden. Die Champignons mit einer Gemüsebürste putzen und halbieren. Die Zwiebel schälen, halbieren und in Halbringe schneiden.

Das Gemüse in eine Auflaufform geben, mit Olivenöl beträufeln und mit Salz und nach Belieben mit Thymian oder anderen Kräutern würzen. Im Ofen für 35–40 Min. garen.

Für den Dip den Feta mit einer Gabel zerdrücken und mit dem Joghurt vermengen. Die Petersilie abbrausen, trocken schütteln, die Blättchen abzupfen, klein hacken und unter die Feta-Joghurt-Mischung geben. Nach Belieben noch ein paar Spritzer Zitronensaft und 1 EL Olivenöl zufügen und den Dip mit etwas Pfeffer abschmecken.

Tipp: Am Wochenende darf auch gern 1 Knoblauchzehe oder wahlweise 1 Frühlingszwiebel dem Fetadip Gesellschaft leisten.

Klassenarbeitsfreundliche

Wirsing-Quiche

mit getrockneten Tomaten und Pinienkernen

Klassenarbeiten zu korrigieren, macht hungrig, doch Pasta mit Tomatensoße könnte feine Spritzer auf den Ergüssen der Schülerinnen und Schüler verteilen. Zum Glück gibt es diese klassenarbeitsfreundliche Wirsing-Quiche, die nicht nur lecker, sondern auch absolut kleckerfrei ist.

Für 1 Springform (Ø 26 cm)

Für den Teig:

- 250 g Dinkelmehl (Type 630)
- 125 g kalte Butter
- 1 EL kaltes Wasser

Für die Füllung:

- ½ Wirsing
- 200 g bunte Kirschtomaten
- 6 getrocknete Tomaten in Öl
- 30 g Pinienkerne
- 300 ml Sahne
- 125 g geriebener Bergkäse
- Pfeffer
- 1 Msp. gemahlener Muskat

Außerdem:

- 5 Eier
- Salz
- Butter und Mehl für die Form

Für den Teig das Mehl und eine kräftige Prise Salz mischen. 1 Ei und die Butter in Stückchen zugeben. Alles zu einem glatten Teig kneten. Sollte er noch zu krümelig sein, das Wasser zufügen. Dann den Teig in Frischhaltefolie wickeln und für 30 Min. in den Kühlschrank geben.

Den Ofen auf 200 °C (Umluft) vorheizen, die Form einfetten und mit Mehl ausstäuben.

Für die Füllung den Wirsing putzen, nochmals halbieren, entstrunken und in Streifen schneiden. In kochendem Salzwasser 1–2 Min. blanchieren. Die Tomaten putzen, halbieren und entstrunken und die getrockneten Tomaten würfeln. Die Pinienkerne in einer Pfanne ohne Fett rösten und beiseitestellen. Die Sahne mit den restlichen 4 Eiern und dem Käse vermengen. Mit Salz, Pfeffer und Muskat würzen.

Den Teig ausrollen und die Springform damit auskleiden, den Wirsing, die Kirschtomaten, die getrockneten Tomaten und die Pinienkerne auf dem Teig verteilen, mit der Sahne-Käse-Masse begießen. Anschließend im Ofen auf mittlerer Schiene ca. 25 Min. backen, bis die Quiche goldbraun ist.

Seelenverwöhnender Birnencrumble mit Vanillecreme

Es gibt so Tage, die kann man getrost aus dem Kalender streichen – wenn es Ärger mit den Kolleginnen und Kollegen gibt, die Schülerinnen und Schüler der 3b mal wieder nerven oder einem der Verwaltungskram über den Kopf wächst. Für solche Tage wurde der Crumble erfunden: Süßes Obst trifft warme und knusprige Streusel und eine herrlich frisch schmeckende Creme – das ist echtes Soul Food!

Für 4 Portionen

Für den Crumble:

- 3 reife Birnen
- 100 g Mehl
- 80 g gemahlene Walnüsse oder Mandeln
- 80 g Zucker
- 100 g kalte Butter

Für die Vanillecreme:

- Mark von ½ Vanilleschote
- 150 g Schmand
- 200 g Quark
- 50 g Joghurt (3,5 %)
- 60 g Zucker

Außerdem:

- Butter für die Form

Für den Crumble den Ofen auf 180 °C (Ober-/Unterhitze) vorheizen.

Eine Auflaufform (20 x 30 cm) einfetten. Die Birnen putzen, vierteln, entkernen und in Scheiben schneiden. In der Auflaufform verteilen. Das Mehl mit den Walnüssen oder Mandeln, dem Zucker und der Butter zu Streuseln verarbeiten und diese über die Birnen geben. Den Crumble auf mittlerer Schiene ca. 30 Min. backen.

Für die Vanillecreme das Vanillemark mit Schmand, Quark, Joghurt und Zucker in eine Schüssel geben und alles miteinander verrühren, bis die Masse schön cremig ist.

Den Crumble aus dem Ofen holen, kurz abkühlen lassen und zusammen mit der Creme servieren.

Tipp: Anstelle der Birnen können Sie natürlich auch andere Obstsorten verwenden: Äpfel, Pfirsiche, Pflaumen, Waldbeeren, Rhabarber ...

„Fast schon Ferien!"–
Mango-Caprese

Es ist so weit: Die Sommerferien stehen vor der Tür und Sie können Ihren Sommerurlaub schon riechen. Verkürzen Sie sich die Wartezeit und erleichtern Sie sich das Zeugnisschreiben mit dieser lecker-leichten Mango-Caprese. So schmecken die Sommerferien!

Für 4 Portionen

- 2 reife Mangos
- 2 Kugeln Büffelmozzarella
- 2 Handvoll Rucola
- Salz
- Olivenöl und Crema di Balsamico zum Beträufeln
- 1 Handvoll rosa Pfefferbeeren zum Garnieren

Die Mangos schälen und in dünnen Scheiben vom Stein schneiden. Die Mozzarellakugeln abtropfen lassen und ebenfalls in dünne Scheiben schneiden. Den Rucola waschen und trocken schleudern.

Auf einem großen Teller abwechselnd die Mango- und Mozzarellascheiben fächerförmig übereinanderlegen.

Die Caprese mit Salz würzen und mit Olivenöl und Crema di Balsamico beträufeln. Zum Schluss in die Mitte den Rucola geben und alles mit rosa Pfefferbeeren garnieren.

ZUTATENREGISTER

Heute hab ich Lust auf …

… gesunde Getränke

… Müsli, Körner, Nüsse und Getreide

… Kuchen, Muffins und Gebäck

… Brote, Fladen und Wraps

… leckere Dips

… Salate und Rohkost

… buntes Gemüse

… Suppe und Eintopf

… Nudeln

… Fleisch

Für Inge, Thilde und Rosel

IMPRESSUM

Titel
Mein Kochbuch für den Schulalltag
Schnelle Rezepte für ein genussvolles Lehrerleben

Autorin
Sophie Schwaiger

Umschlagmotive und Foodfotografie im Innenteil
Frauke Antholz

Lektorat
Judith Ley

Druck
Drukarnia Dimograf Sp. z o.o., Bielsko-Biała, PL

Verlag an der Ruhr
Mülheim an der Ruhr
www.verlagruhr.de

ISBN 978-3-8346-4335-3